Impressum
Verlag: BABADADA GmbH, Nedderfeld 112 , 22529 Hamburg
Geschäftsführer / Verlagsleitung: Harald Hof
Druck: Books on Demand GmbH, In de Tarpen 42, 22848 Norderstedt

Imprint
Publisher: BABADADA GmbH, Nedderfeld 112 , 22529 Hamburg, Germany
Managing Director / Publishing direction: Harald Hof
Print: Books on Demand GmbH, In de Tarpen 42, 22848 Norderstedt

σχολείο

escuela

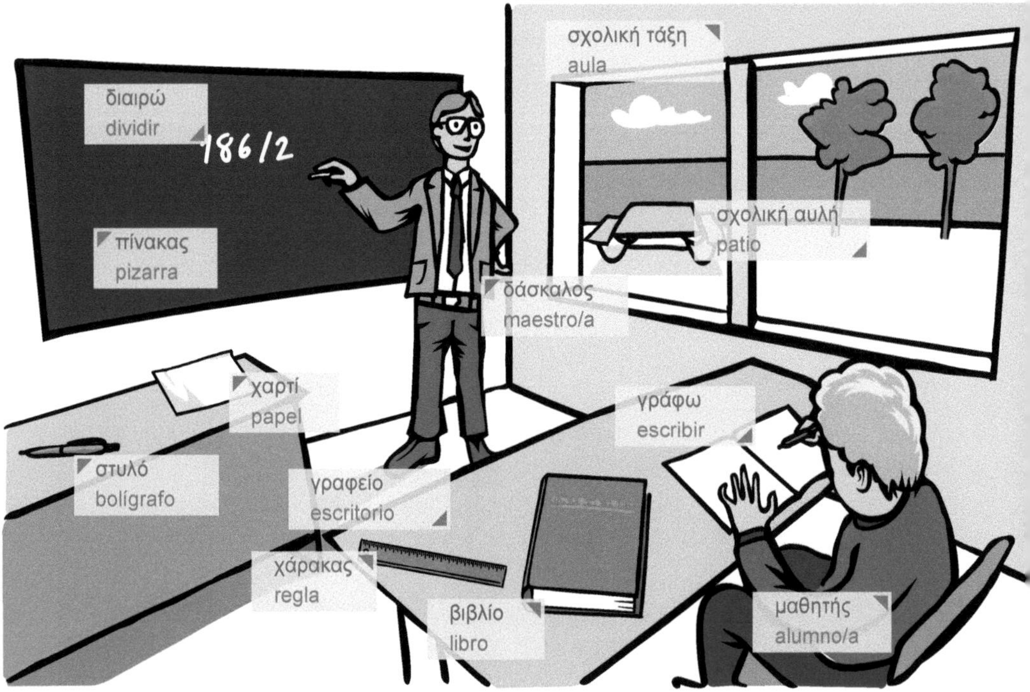

σχολική τάξη
aula
διαιρώ
dividir
186/2
πίνακας
pizarra
σχολική αυλή
patio
δάσκαλος
maestro/a
χαρτί
papel
γράφω
escribir
στυλό
bolígrafo
γραφείο
escritorio
χάρακας
regla
βιβλίο
libro
μαθητής
alumno/a

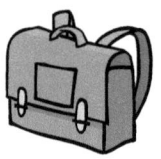

σχολική τσάντα

cartera

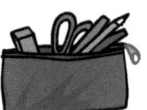

κασετίνα/ μολυβοθήκη

caja de lápices

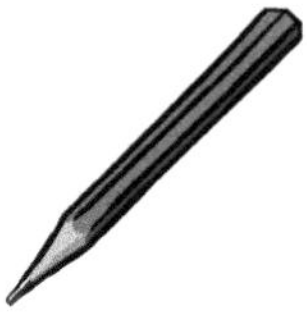

μολύβι

lápiz

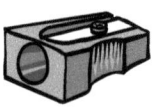

ξύστρα

sacapuntas

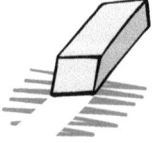

γόμα

goma de borrar

μπλοκ ζωγραφικής

cuaderno de dibujo

ζωγραφική

dibujo

πινέλο

pincel

κουτί χρωμάτων

caja de pinturas

ψαλίδι

tijeras

κόλλα

pegamento

τετράδιο ασκήσεων

cuaderno de ejercicios

εργασία για το σπίτι

deberes

αριθμός

número

προσθέτω

sumar

αφαιρώ

restar

πολλαπλασιάζω

multiplicar

υπολογίζω

calcular

γράμμα

letra

αλφάβητο

alfabeto

λέξη

palabra

κείμενο

texto

διαβάζω

leer

κιμωλία

tiza

μάθημα

lección

εγγράφομαι

cuaderno de notas

τεστ

examen

πιστοποιητικό

certificado

μαθητική στολή

uniforme escolar

εκπαίδευση

educación

εγκυκλοπαίδεια

enciclopedia

πανεπιστήμιο

universidad

μικροσκόπιο

microscopio

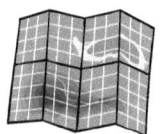

χάρτης

mapa

καλάθι αχρήστων

papelera

σχολείο - escuela

ταξίδι
viaje

ξενοδοχείο
hotel
Grand
ξενώνας
albergue
ROOMS
EXCHANGE
ανταλλακτήρια συναλλάγματος
oficina de cambio de divisas
βαλίτσα
maleta
αυτοκίνητο
coche

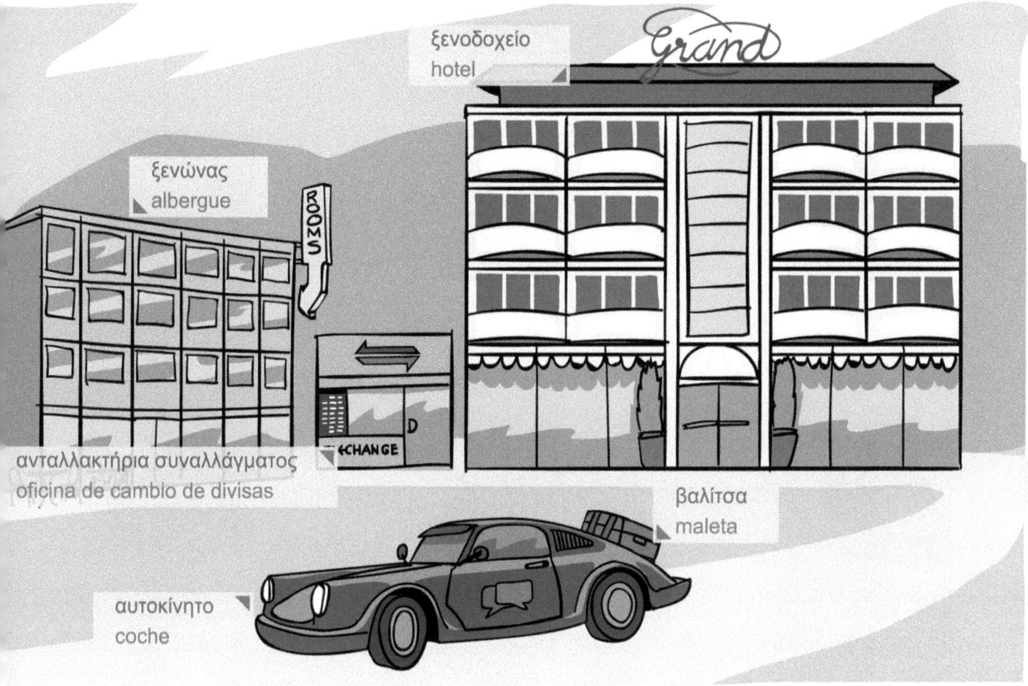

γλώσσα

idioma

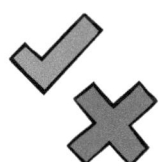

ναι / όχι

sí / no

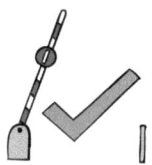

εντάξει

Vale

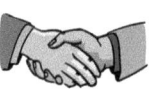

γεια σου

hola

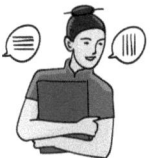

μεταφραστής

traductor

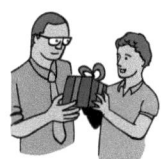

Ευχαριστώ

Gracias

πόσο κάνει ;

¿cuánto es...?

Δε καταλαβαίνω

No entiendo

πρόβλημα

problema

Καλησπέρα!

¡Buenas tardes!

Καλημέρα!

¡Buenos días!

Καληνύχτα!

¡Buenas noches!

Αντίο

adiós

κατεύθυνση

dirección

αποσκευές

equipaje

τσάντα

bolsa

σακίδιο πλάτης

mochila

καλεσμένος

invitado

δωμάτιο

habitación

υπνόσακος

saco de dormir

σκηνή

tienda de campaña

τουριστικές πληροφορίες

información turística

παραλία

playa

πιστωτική κάρτα

tarjeta de crédito

πρωινό

desayuno

μεσημεριανό

almuerzo

δείπνο

cena

εισιτήριο

billete

ανελκυστήρας

ascensor

γραμματόσημο

sello

σύνορα

frontera

τελωνείο

aduana

πρεσβεία

embajada

βίζα

visa

διαβατήριο

pasaporte

ταξίδι - viaje

μεταφορά
transporte

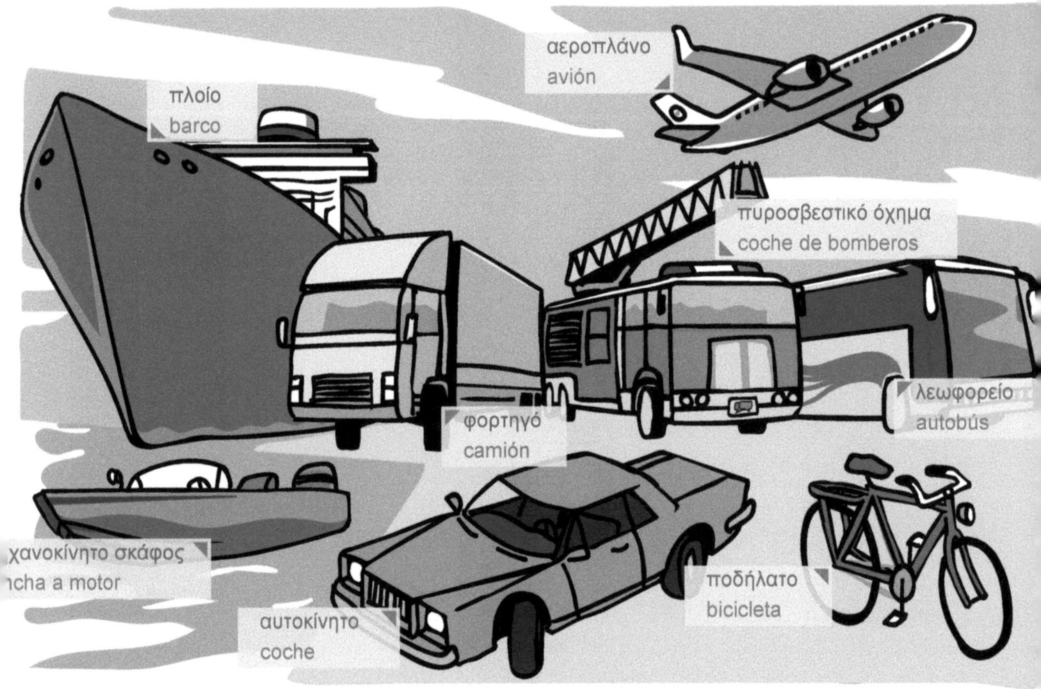

αεροπλάνο
avión
πλοίο
barco
πυροσβεστικό όχημα
coche de bomberos
λεωφορείο
autobús
φορτηγό
camión
χανοκίνητο σκάφος
cha a motor
ποδήλατο
bicicleta
αυτοκίνητο
coche

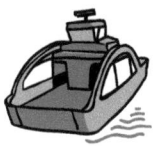

φεριμπότ

transbordador

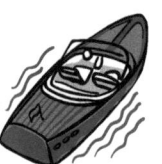

βάρκα

barca

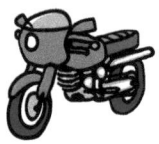

μοτοσικλέτα

moto

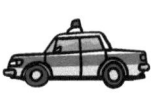

περιπολικό

coche de policía

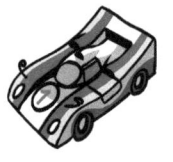

αγωνιστικό αυτοκίνητο

coche de carreras

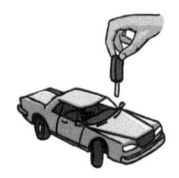

ενοικιαζόμενο αυτοκίνητο

coche de alquiler

διαμοιρασμός αυτοκινήτων

préstamo de vehículos

γερανός

grúa

απορριμματοφόρο

camión de la basura

κινητήρας

motor

καύσιμο

gasolina

βενζινάδικο

gasolinera

πινακίδα σήμανσης

señal de tráfico

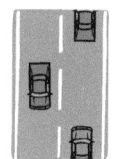

κυκλοφορία

tráfico

κυκλοφοριακή συμφόρηση

atasco

χώρος στάθμευσης

aparcamiento

σιδηροδρομικός σταθμός

estación de tren

σιδηροδρομικές γραμμές

vías

τρένο

tren

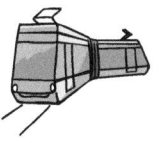

τραμ

tranvía

βαγόνι

vagón

ελικόπτερο

helicóptero

αεροδρόμιο

aeropuerto

πύργος

torre

επιβάτης

pasajero

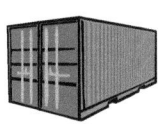

εμπορευματοκιβώτιο

contenedor

χαρτοκιβώτιο

caja de cartón

καρότσι

carretilla

καλάθι

cesta

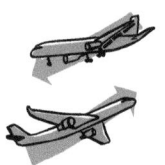

απογειώνομαι /
προσγειόνομαι

despegar / aterrizar

πόλη
ciudad

χωριό

pueblo

κέντρο της πόλης

centro de ciudad

σπίτι

casa

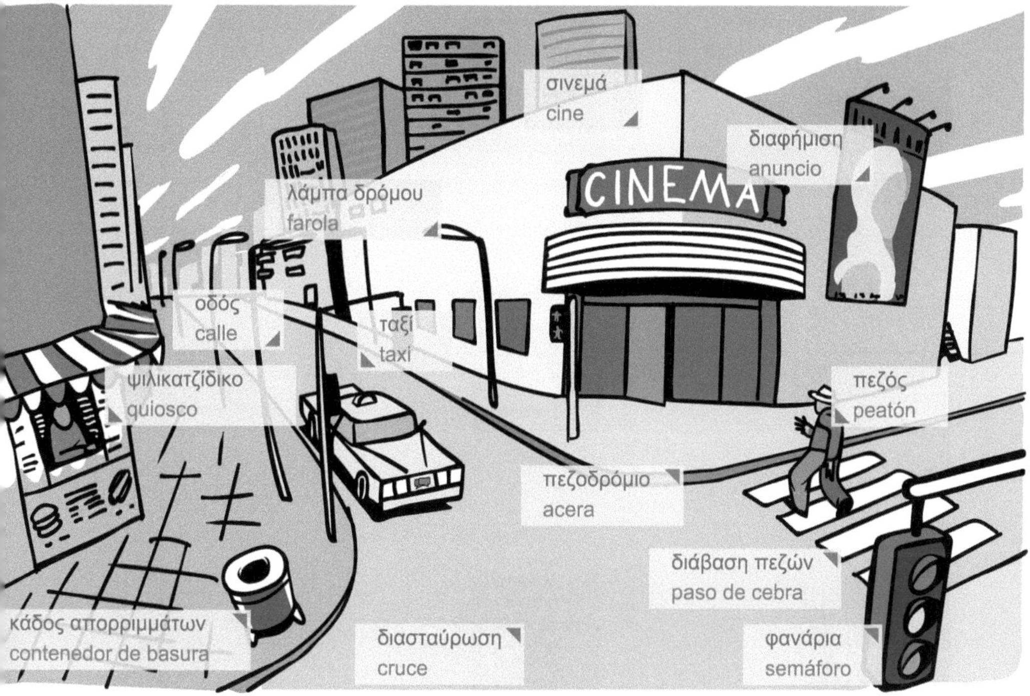

σινεμά
cine

διαφήμιση
anuncio

λάμπα δρόμου
farola

οδός
calle

ταξί
taxi

ψιλικατζίδικο
quiosco

πεζός
peatón

πεζοδρόμιο
acera

διάβαση πεζών
paso de cebra

κάδος απορριμμάτων
contenedor de basura

διασταύρωση
cruce

φανάρια
semáforo

καλύβα
cabaña

διαμέρισμα
apartamento

σιδηροδρομικός σταθμός
estación de tren

δημαρχείο
ayuntamiento

μουσείο
museo

σχολείο
escuela

πανεπιστήμιο
universidad

τράπεζα
banco

νοσοκομείο
hospital

ξενοδοχείο
hotel

φαρμακείο
farmacia

γραφείο
oficina

βιβλιοπωλείο
librería

κατάστημα
tienda

ανθοπωλείο
floristería

σούπερ μάρκετ
supermercado

αγορά
mercado

πολυκατάστημα
grandes almacenes

ιχθυοπωλείο
pescadería

εμπορικό κέντρο
centro comercial

λιμάνι
puerto

πόλη - ciudad

πάρκο

parque

παγκάκι

banco

γέφυρα

puente

σκάλες

escaleras

μετρό

metro

τούνελ

túnel

στάση λεωφορείου

parada de autobús

μπαρ

bar

εστιατόριο

restaurante

γραμματοκιβώτιο

buzón

πινακίδα δρόμου

poste indicador

παρκόμετρο

parquímetro

ζωολογικός κήπος

zoo

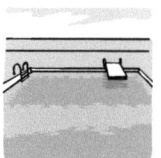

πισίνα

piscina

τζαμί

mezquita

αγρόκτημα
granja

ρύπανση
contaminación

νεκροταφείο
cementerio

εκκλησία
iglesia

παιδική χαρά
patio de juego

ναός
templo

τοπίο

paisaje

φύλλο
hoja

πινακίδα κατεύθυνσης
señal

δρόμος
camino

λιβάδι
prado

πέτρα
piedra

δέντρο
árbol

πεζοπόρος
excursionista

ποτάμι
río

χορτάρι
hierba

λουλούδι
flor

κοιλάδα

valle

λόφος

colina

λίμνη

lago

δάσος

bosque

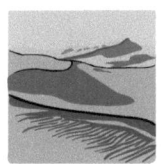

έρημος

desierto

ηφαίστειο

volcán

κάστρο

castillo

ουράνιο τόξο

arcoíris

μανιτάρι

champiñón

φοίνικας

palmera

κουνούπι

mosquito

μύγα

mosca

μυρμήγκι

hormiga

μέλισσα

abeja

αράχνη

araña

σκαθάρι
escarabajo

βάτραχος
rana

σκίουρος
ardilla

σκαντζόχοιρος
erizo

λαγός
liebre

κουκουβάγια
lechuza

πουλί
pájaro

κύκνος
cisne

αγριογούρουνο
jabalí

ελάφι
ciervo

άλκη
alce

φράγμα
presa

ανεμογεννήτρια
turbina eólica

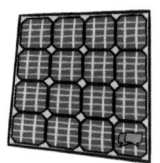

ηλιακός συλλέκτης
panel solar

κλίμα
clima

εστιατόριο
restaurante

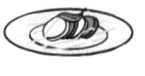

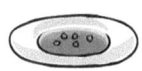

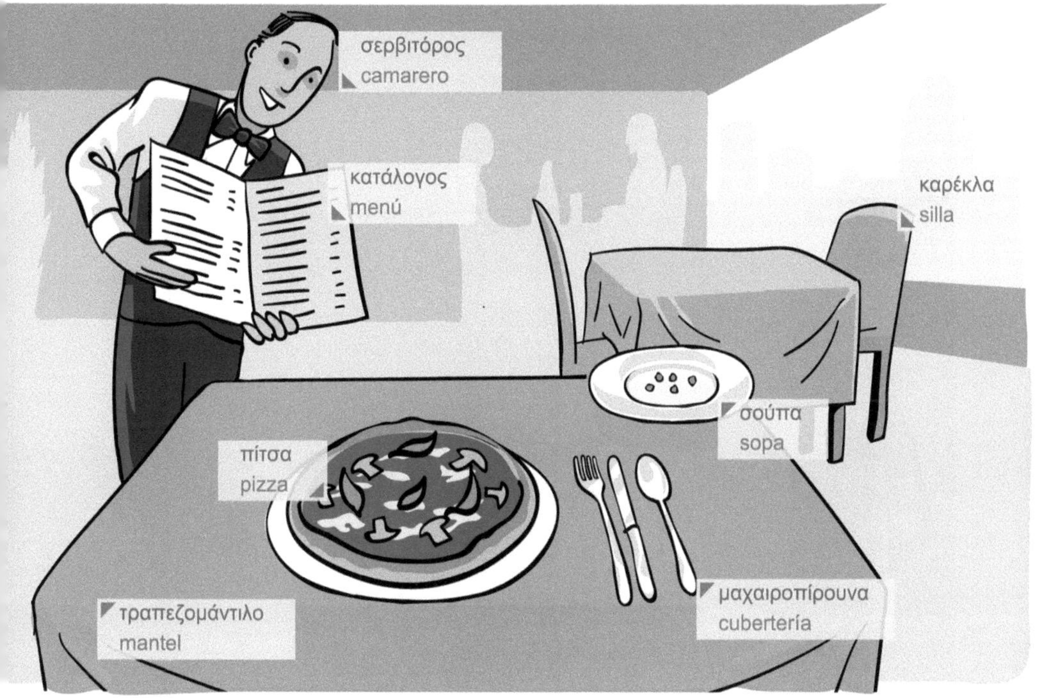
σερβιτόρος
camarero
κατάλογος
menú
καρέκλα
silla
σούπα
sopa
πίτσα
pizza
μαχαιροπίρουνα
cubertería
τραπεζομάντιλο
mantel

ορεκτικό

primer plato

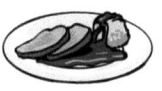

κύριο πιάτο

plato principal

επιδόρπιο

postre

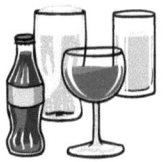

ποτά

bebidas

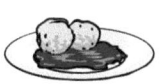

φαγητό

comida

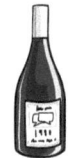

μπουκάλι

botella

φαστ φουντ

comida rápida

φαγητό στ' όρθιο

comida callejera

τσαγιέρα

tetera

δοχείο ζάχαρης

azucarero

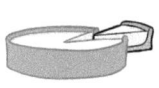

μερίδα

porción

μηχανή εσπρέσο

cafetera expreso

ψηλή καρέκλα

trona

λογαριασμός

cuenta

δίσκος

bandeja

μαχαίρι

cuchillo

πιρούνι

tenedor

κουτάλι

cuchara

κουταλάκι του τσαγιού

cucharilla

πετσέτα φαγητού

servilleta

ποτήρι

vaso

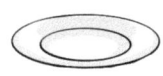

πιάτο

plato

πιάτο σούπας

plato hondo

πιατάκι φλιτζανιού

platillo

σάλτσα

salsa

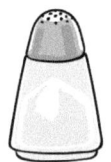

αλατιέρα

salero

μύλος για πιπέρι

molinillo de pimienta

ξύδι

vinagre

λάδι

aceite

μπαχαρικά

especias

κέτσαπ

ketchup

μουστάρδα

mostaza

μαγιονέζα

mayonesa

σούπερ μάρκετ
supermercado

προσφορά
oferta especial
FOR
πελάτης
cliente
γαλακτοκομικά προϊόντα
lácteos
φρούτα
fruta
καρότσι για ψώνια
carro de la compra

BUTCHERS

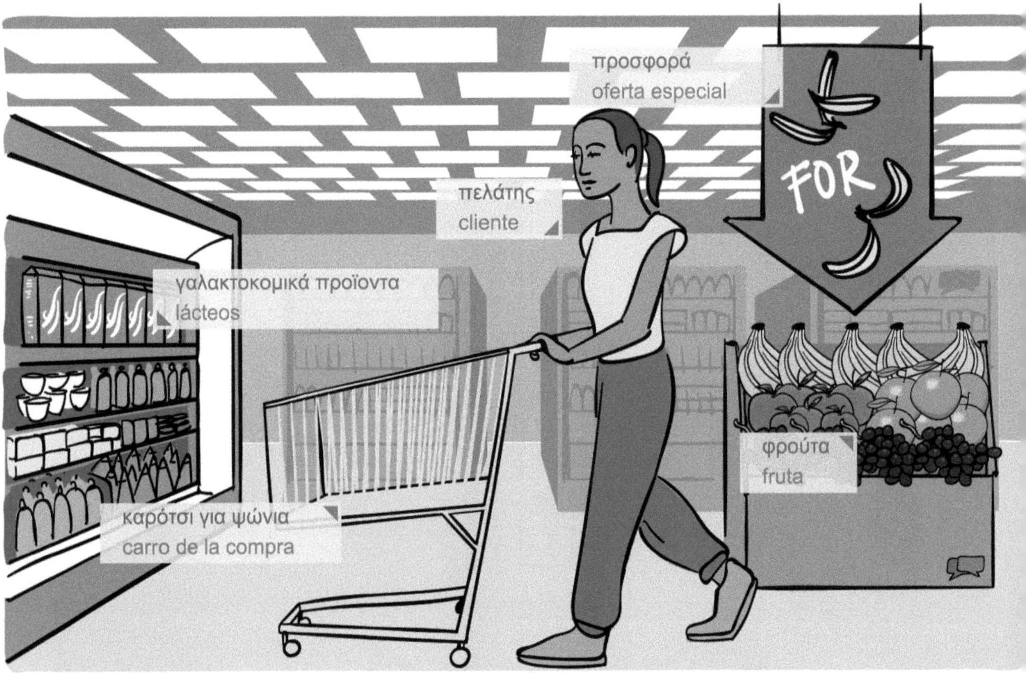

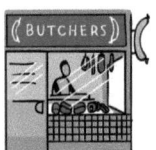

κρεοπωλείο

carnicería

BAKERY

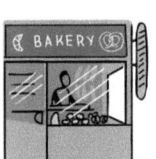

φούρνος

panadería

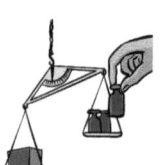

ζυγίζω

pesar

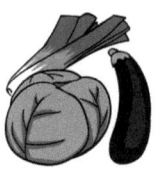

λαχανικά

verduras

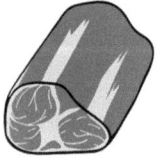

κρέας

carne

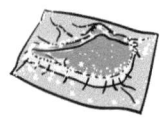

κατεψυγμένα τρόφιμα

alimentos congelados

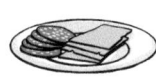

αλλαντικά

fiambres

κονσερβοποιημένη τροφή

conservas

απορρυπαντικό ρούχων

detergente en polvo

γλυκά

dulces

οικιακά είδη

productos de uso doméstico

καθαριστικά προϊόντα

productos de limpieza

πωλήτρια

vendedora

ταμείο

caja

ταμίας

cajero

λίστα για ψώνια

lista de la compra

ωράριο λειτουργίας

horario de atención al público

πορτοφόλι

cartera

πιστωτική κάρτα

tarjeta de crédito

τσάντα

bolsa

πλαστική σακούλα

bolsa de plástico

νερό

agua

χυμός

zumo

γάλα

leche

κόκα κόλα

cola

κρασί

vino

μπίρα

cerveza

αλκοόλ

alcohol

κακάο

cacao

τσάι

té

καφές

café

εσπρέσο

expreso

καπουτσίνο

capuchino

μπανάνα
plátano

μήλο
manzana

πορτοκάλι
naranja

πεπόνι
melón

λεμόνι
limón

καρότο
zanahoria

σκόρδο
ajo

μπαμπού
bambú

κρεμμύδι
cebolla

μανιτάρι
champiñón

ξηροί καρποί
avellanas

νουντλς
fideos

μακαρόνια

espagueti

ρύζι

arroz

σαλάτα

ensalada

πατατάκια

patatas fritas

τηγανητές πατάτες

patatas fritas

πίτσα

pizza

χάμπουργκερ

hamburguesa

σάντουιτς

sándwich

κοτολέτα

filete

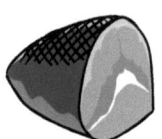

ζαμπόν

jamón

σαλάμι

salami

λουκάνικο

salchicha

κοτόπουλο

pollo

ψητό

asado

ψάρι

pescado

χυλός βρώμης

copos de avena

μούσλι

muesli

κορν φλέικς

copos de maíz

αλεύρι

harina

κρουασάν

cruasán

ψωμάκι

panecillo

ψωμί

pan

τοστ

tostada

μπισκότα

galletas

βούτυρο

mantequilla

τυρόπηγμα

cuajada

κέικ

pastel

αυγό

huevo

τηγανητό αυγό

huevo frito

τυρί

queso

παγωτό

helado

ζάχαρη

azúcar

μέλι

miel

μαρμελάδα

mermelada

άλλειμμα σοκολάτας

crema de turrón

κάρυ

curry

αγρόκτημα
granja

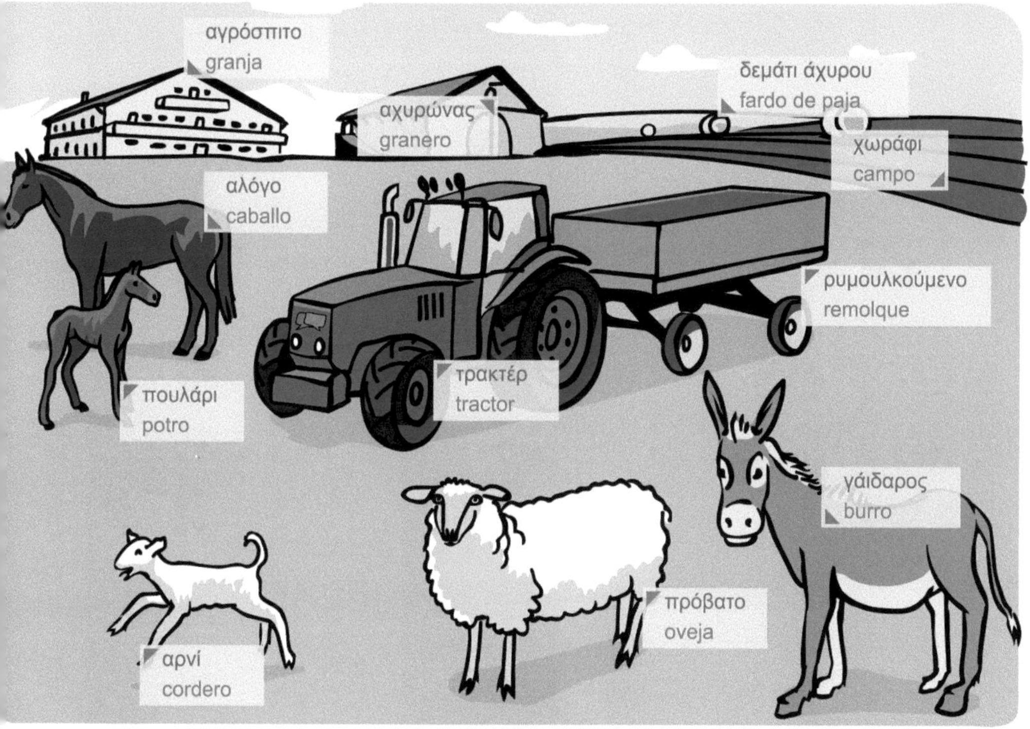
αγρόσπιτο
granja
αχυρώνας
granero
δεμάτι άχυρου
fardo de paja
χωράφι
campo
αλόγο
caballo
ρυμουλκούμενο
remolque
τρακτέρ
tractor
πουλάρι
potro
γάιδαρος
burro
πρόβατο
oveja
αρνί
cordero

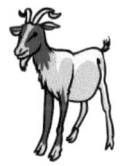

κατσίκα

cabra

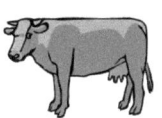

αγελάδα

vaca

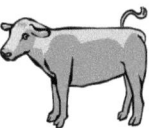

μοσχαράκι

ternero

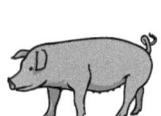

γουρούνι

cerdo

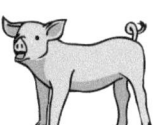

γουρουνάκι

cerdito

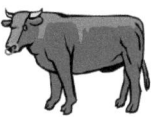

ταύρος

toro

χήνα

ganso

πάπια

pato

κοτοπουλάκι

pollo

κότα

gallina

κόκορας

gallo

αρουραίος

rata

γάτα

gato

ποντίκι

ratón

βόδι

buey

σκύλος

perro

σπιτάκι σκύλου

perrera

λάστιχο κήπου

manguera

ποτιστήρι

regadera

θεριστήρι

guadaña

αλέτρι

arado

δρεπάνι
hoz

τσάπα
azada

δίκρανο
horca

τσεκούρι
hacha

χειράμαξα
carretilla

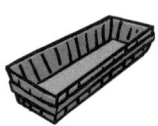

ταΐστρα
abrevadero

δοχείο γάλακτος
lechera

σάκος
saco

φράχτης
valla

στάβλος
establo

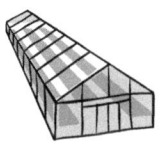

θερμοκήπιο
invernadero

έδαφος
suelo

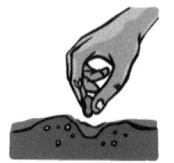

σπόρος
semilla

λίπασμα
fertilizador

θεριζοαλωνιστική μηχανή
cosechadora

θερίζω

cosechar

συγκομιδή

cosecha

γιαμς

ñame

σιτάρι

trigo

σόγια

soja

πατάτα

patata

καλαμπόκι

maíz

κράμβη

semilla de colza

οπωροφόρο δέντρο

árbol frutal

μανιόκα

mandioca

δημητριακά

cereales

σπίτι
casa

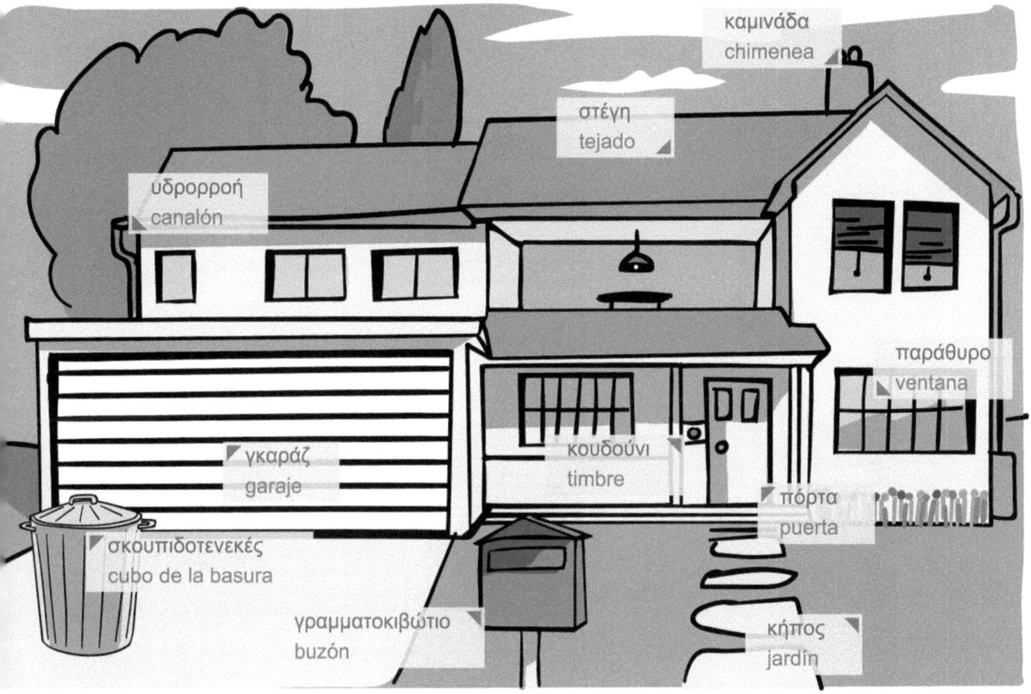
καμινάδα
chimenea
στέγη
tejado
υδρορροή
canalón
παράθυρο
ventana
γκαράζ
garaje
κουδούνι
timbre
πόρτα
puerta
σκουπιδοτενεκές
cubo de la basura
γραμματοκιβώτιο
buzón
κήπος
jardín

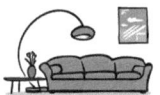

σαλόνι

sala

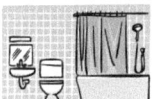

μπάνιο

cuarto de baño

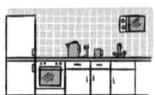

κουζίνα

cocina

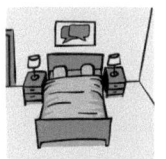

υπνοδωμάτιο

dormitorio

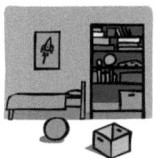

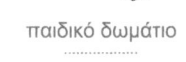

παιδικό δωμάτιο

habitación de los niños

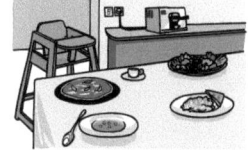

τραπεζαρία

comedor

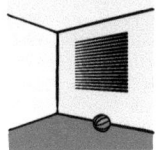

πάτωμα
suelo

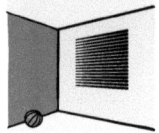

τοίχος
pared

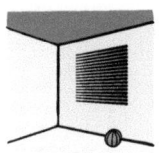

οροφή
techo

κελάρι
sótano

σάουνα
sauna

μπαλκόνι
balcón

βεράντα
terraza

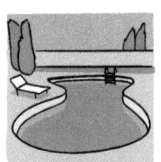

πισίνα
piscina

μηχανή του γκαζόν
cortacésped

σεντόνι
sábana

κάλυμμα κρεβατιού
colcha

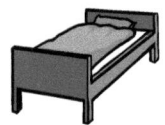

κρεβάτι
cama

σκούπα
escoba

κουβάς
balde

διακόπτης
interruptor

σαλόνι
sala

ταπετσαρία
papel pintado
φωτογραφία
imagen
λάμπα
lámpara
ράφι
estante
ντουλάπι
armario
τηλεόραση
televisión
τζάκι
chimenea
λουλούδι
flor
μαξιλάρι
cojín
καναπές
sofá
βάζο
jarrón
τηλεκοντρόλ
mando a distancia

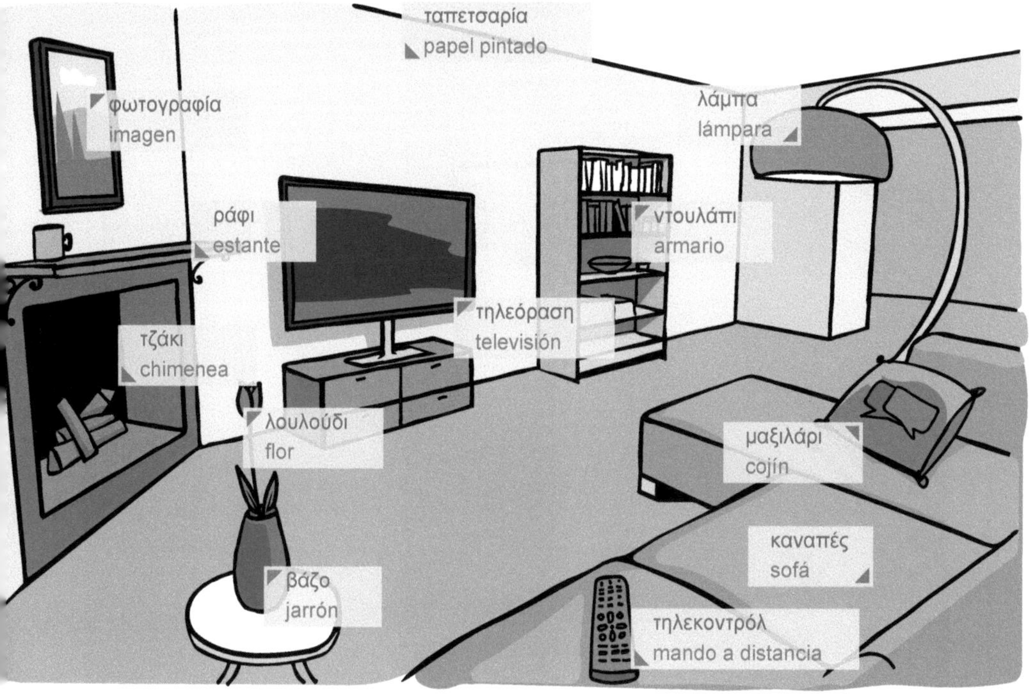

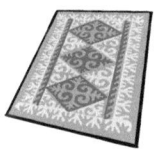

χαλί

alfombra

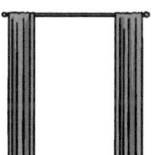

κουρτίνα

cortina

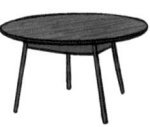

τραπέζι

mesa

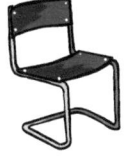

καρέκλα

silla

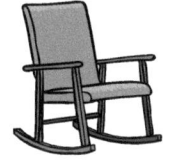

κουνιστή πολυθρόνα

mecedora

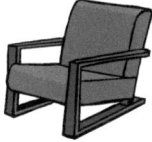

πολυθρόνα

butaca

βιβλίο
libro

κουβέρτα
manta

διακόσμηση
decoración

καυσόξυλα
leña

ταινία
película

στερεοφωνικό σύστημα
equipo de música

κλειδί
llave

εφημερίδα
periódico

πίνακας ζωγραφικής
pintura

αφίσα
póster

ραδιόφωνο
radio

σημειωματάριο
cuaderno

ηλεκτρική σκούπα
aspiradora

κάκτος
cactus

κερί
vela

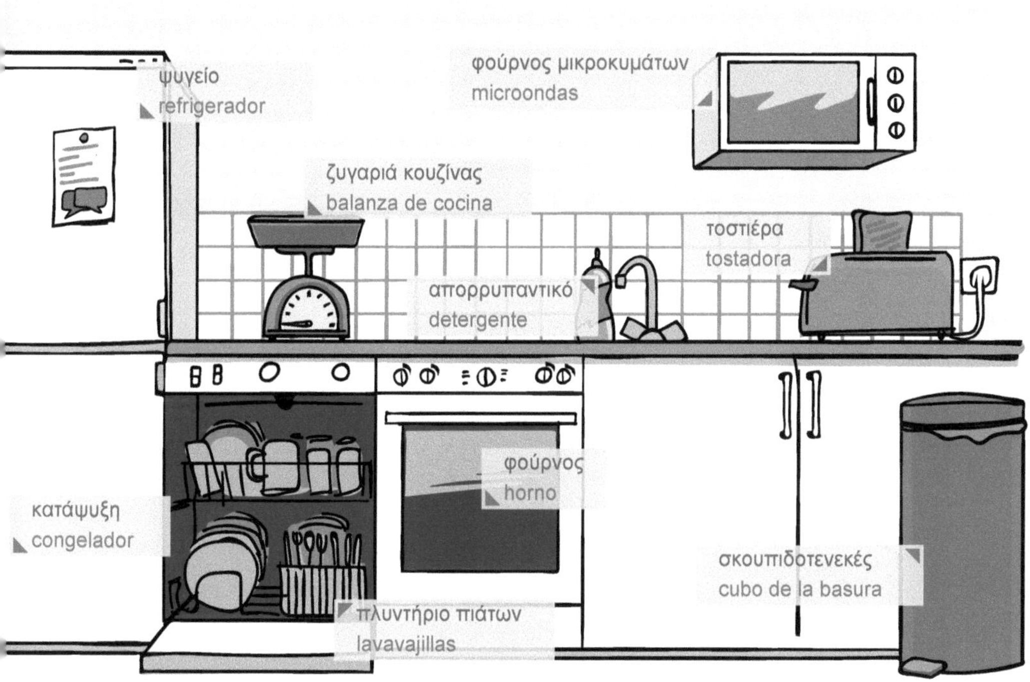

ψυγείο
refrigerador

φούρνος μικροκυμάτων
microondas

ζυγαριά κουζίνας
balanza de cocina

τοστιέρα
tostadora

απορρυπαντικό
detergente

φούρνος
horno

κατάψυξη
congelador

σκουπιδοτενεκές
cubo de la basura

πλυντήριο πιάτων
lavavajillas

κουζίνα

olla a presión

κατσαρόλα

olla

μαντεμένια κατσαρόλα

olla de hierro fundido

γουόκ/καντάι

wok / karahi

τηγάνι

cazuela

βραστήρας

hervidor

ατμομάγειρας

vaporera

ταψί

chapa de horno

πιατικά

vajilla

κούπα

taza

μπολ

tazón

ξυλάκια

palillos

κουτάλα

cucharón

σπάτουλα

espumadera

ανακατεύω

batidor

σουρωτήρι

colador

σουρωτηράκι

cedazo

τρίφτης

rallador

γουδί

mortero

ψησταριά

barbacoa

ανοιχτή φωτιά

hoguera

σανίδα κοπής

tabla de picar

πλάστης

rodillo

ανοιχτήρι φελλών

sacacorchos

κονσέρβα

lata

ανοιχτήρι κονσέρβας

abrelatas

γάντι φούρνου

agarrador

νεροχύτης

lavabo

βούρτσα

cepillo

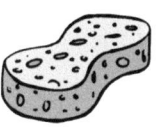

σφουγγάρι

esponja

μπλέντερ

batidora

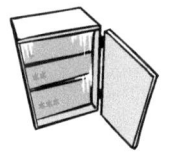

καταψύκτης

congelador

μπιμπερό

biberón

βρύση

grifo

μπάνιο
cuarto de baño

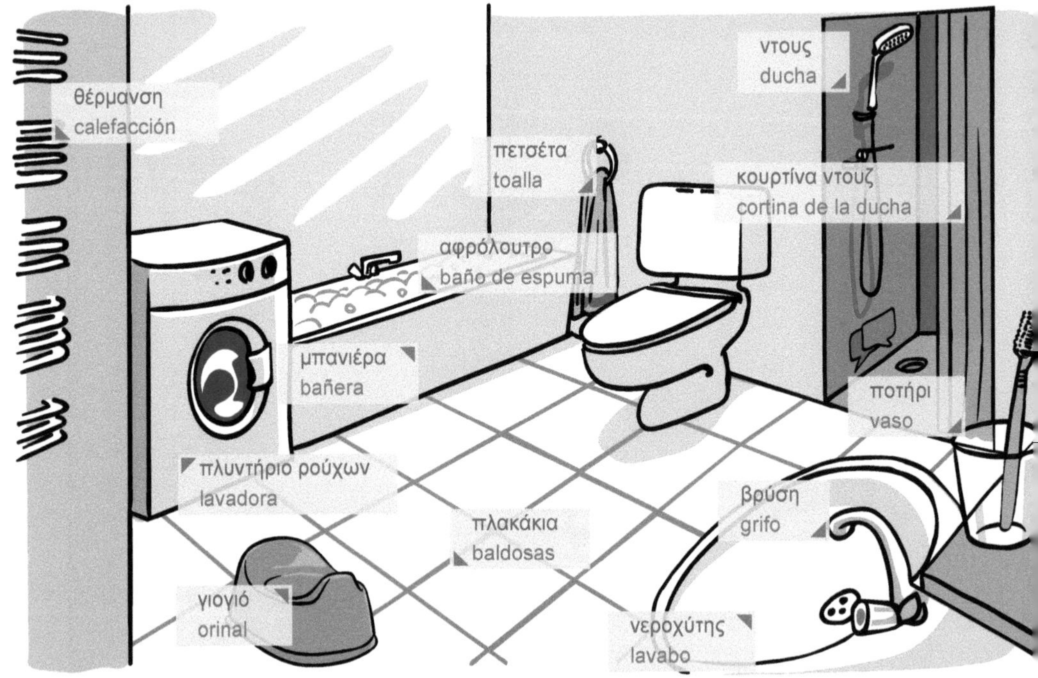

θέρμανση
calefacción
ντους
ducha
πετσέτα
toalla
κουρτίνα ντους
cortina de la ducha
αφρόλουτρο
baño de espuma
μπανιέρα
bañera
ποτήρι
vaso
πλυντήριο ρούχων
lavadora
βρύση
grifo
πλακάκια
baldosas
γιογιό
orinal
νεροχύτης
lavabo

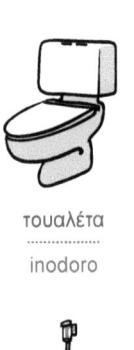

τουαλέτα

inodoro

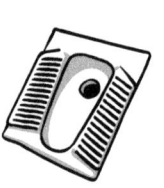

τούρκικη τουαλέτα

inodoro rústico

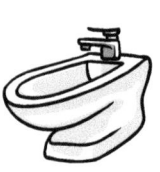

μπιντές

bidé

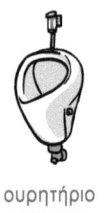

ουρητήριο

urinario

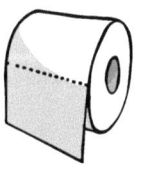

χαρτί υγείας

papel higiénico

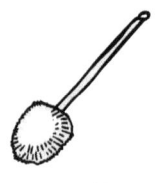

πιγκάλ

escobilla del váter

οδοντόβουρτσα

cepillo de dientes

οδοντόκρεμα

pasta de dientes

οδοντικό νήμα

hilo dental

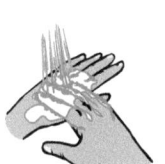

πλένω

lavar

τηλέφωνο ντους

ducha de mano

ντουσιέρα

ducha íntima

λεκάνη

pila

βούρτσα πλάτης

cepillo de espalda

σαπούνι

jabón

αφρόλουτρο

gel de ducha

σαμπουάν

champú

φανέλα

toallita

σιφόνι

desagüe

κρέμα

crema

αποσμητικό

desodorante

καθρέφτης

espejo

καθρέφτης χειρός

espejo de tocador

ξυραφάκι

maquinilla de afeitar

αφρός ξυρίσματος

espuma de afeitar

αφτερσέιβ

loción postafeitado

χτένα

peine

βούρτσα

cepillo

σεσουάρ

secador

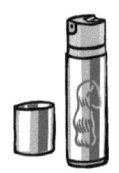

λακ

laca

μακιγιάζ

maquillaje

κραγιόν

pintalabios

βερνίκι νυχιών

pintauñas

βαμβάκι

algodón

ψαλίδι νυχιών

cortauñas

άρωμα

perfume

νεσεσέρ

estuche de viaje

σκαμπό

banqueta

ζυγαριά

balanza

μπουρνούζι

albornoz

ελαστικά γάντια

guantes de goma

ταμπόν

tampón

πετσέτα υγιεινής

compresa

χημική τουαλέτα

inodoro químico

παιδικό δωμάτιο

habitación de los niños

ξυπνητήρι
despertador
λούτρινο ζωάκι
peluche
αυτοκινητάκι
coche de juguete
κουδουνίστρα
sonajero
κουκλόσπιτο
casa de muñecas
δώρο
regalo

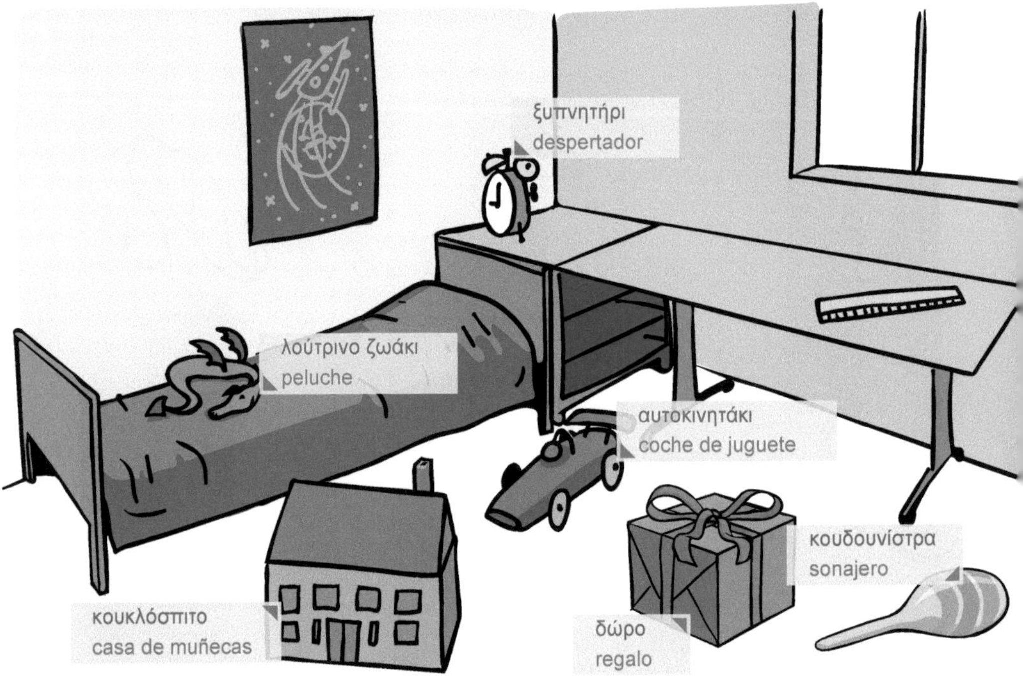

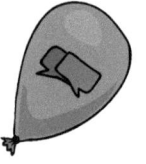

μπαλόνι

globo

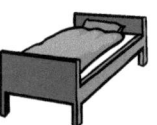

κρεβάτι

cama

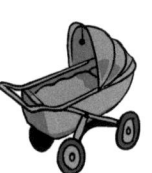

καροτσάκι

coche de niño

τράπουλα

naipes

παζλ

puzle

SUPER
MEGA

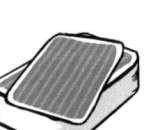

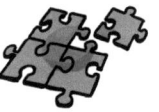

κόμικς

tebeo

τουβλάκια lego

piezas de lego

τουβλάκια κατασκευών

bloques de juguete

φιγούρα δράσης

figura de acción

βρεφικό φορμάκι

bodi (de bebé)

φρίσμπι

frisbee

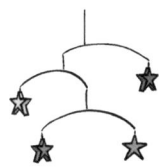

μόμπιλο

colgador móvil para bebés

επιτραπέζιο παιχνίδι

juego de mesa

ζάρια

dados

σετ τρενάκι

circuito de tren eléctrico

πιπίλα

maniquí

πάρτι

fiesta

εικονογραφημένο βιβλίο

álbum de fotos

μπάλα

pelota

κούκλα

muñeca

παίζω

jugar

σκάμμα με άμμο

cajón de arena

κούνια

columpio

παιχνίδια

juguetes

κονσόλα βιντεοπαιχνιδιών

videoconsola

τρίκυκλο

triciclo

αρκουδάκι

oso de peluche

ντουλάπα

guardarropa

ρούχα

ropa

κάλτσες

calcetines

καλτσοδέτες

medias

καλσόν

leotardos

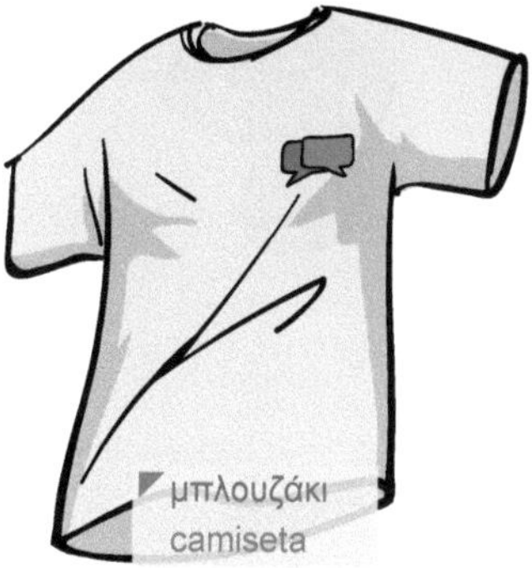

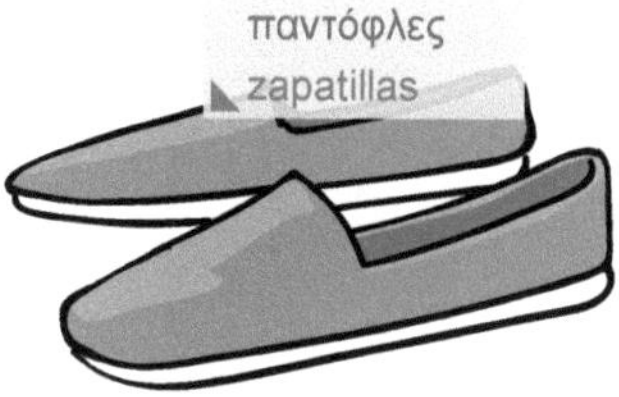

κασκόλ
bufanda

ομπρέλα
paraguas

ζώνη
cinturón

μπλουζάκι
camiseta

μπότες
botas

παντόφλες
zapatillas

αθλητικά παπούτσια
deportivas

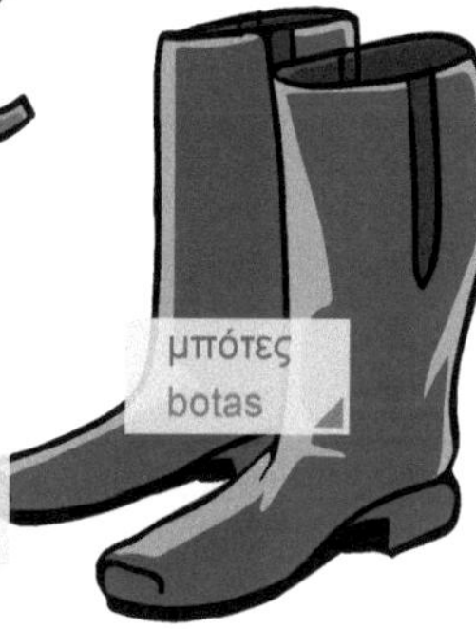

σανδάλια
sandalias

παπούτσια
zapatos

γαλότσες
botas de goma

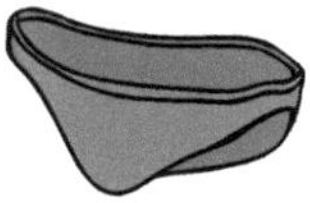

εσώρουχο
slip

σουτιέν
sostén

φανέλα
chaleco

σώμα
bodi

παντελόνι
pantalones

τζιν παντελόνι
vaqueros

φούστα
falda

μπλούζα
blusa

πουκάμισο
camisa

πουλόβερ
jersey

πουλόβερ
suéter

σακάκι
blazer

μπουφάν
chaqueta

παλτό
abrigo

αδιάβροχο πανωφόρι
gabardina

κοστούμι
traje

φόρεμα
vestido

νυφικό
vestido de novia

κοστούμι

traje

νυχτικό

camisón

πιτζάμες

pijama

σάρι

sari

μαντήλι

bandana

τουρμπάνι

turbante

μπούρκα

burka

καφτάνι

caftán

μουσουλμανικό ένδυμα

abaya

ολόσωμο μαγιό

traje de baño

ανδρικό μαγιό

bañador

σορτς

pantalones cortos

αθλητική φόρμα

chándal

ποδιά

delantal

γάντια

guantes

κουμπί

botón

γυαλιά

gafas

βραχιόλι

brazalete

περιδέραιο

collar

δαχτυλίδι

anillo

σκουλαρίκι

pendiente

καπέλο

gorra

κρεμάστρα

percha

καπέλο

sombrero

γραβάτα

corbata

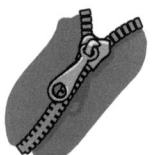

φερμουάρ

cremallera

κράνος

casco

τιράντες

tirantes

μαθητική στολή

uniforme escolar

στολή

uniforme

ρούχα - ropa

σαλιάρα

babero

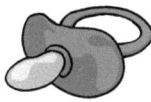

πιπίλα

maniquí

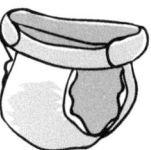

πάνα

pañal

γραφείο
oficina

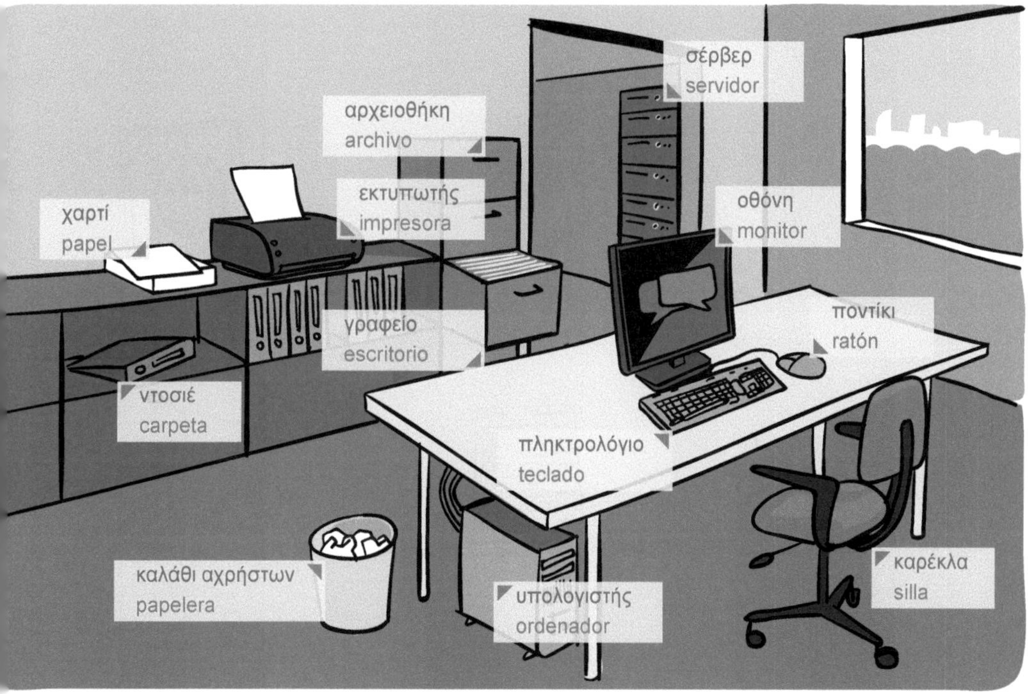

σέρβερ
servidor

αρχειοθήκη
archivo

εκτυπωτής
impresora

οθόνη
monitor

χαρτί
papel

γραφείο
escritorio

ποντίκι
ratón

ντοσιέ
carpeta

πληκτρολόγιο
teclado

καλάθι αχρήστων
papelera

υπολογιστής
ordenador

καρέκλα
silla

κούπα του καφέ

taza de café

κομπιουτεράκι

calculadora

ίντερνετ

internet

λάπτοπ

portátil

γράμμα

carta

μήνυμα

mensaje

κινητό

móvil

δίκτυο

red

φωτοτυπικό μηχάνημα

fotocopiadora

λογισμικό

software

τηλέφωνο

teléfono

πρίζα

toma de corriente

συσκευή φαξ

fax

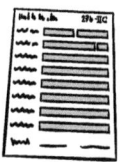

έντυπο

formulario

έγγραφο

documento

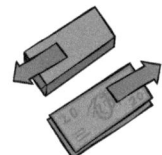

αγοράζω

comprar

πληρώνω

pagar

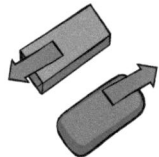

συναλλάσσομαι

comerciar

χρήματα

dinero

δολάριο

dólar

ευρώ

euro

γιεν

yen

ρούβλι

rublo

ελβετικό φράγκο

franco suizo

ρενμίνμπι γιουάν

renminbi yuan

ρουπία

rupia

ATM (αυτόματη ταμειακή μηχανή)

cajero automático

ανταλλακτήρια
συναλλάγματος

oficina de cambio de divisas

χρυσός

oro

ασήμι

plata

πετρέλαιο

petróleo

ενέργεια

energía

τιμή

precio

συμβόλαιο

contrato

φόρος

impuesto

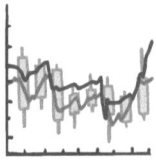

μετοχή

acción

δουλεύω

trabajar

υπάλληλος

empleado

εργοδότης

empleador

εργοστάσιο

fábrica

κατάστημα

tienda

επαγγέλματα
oficios

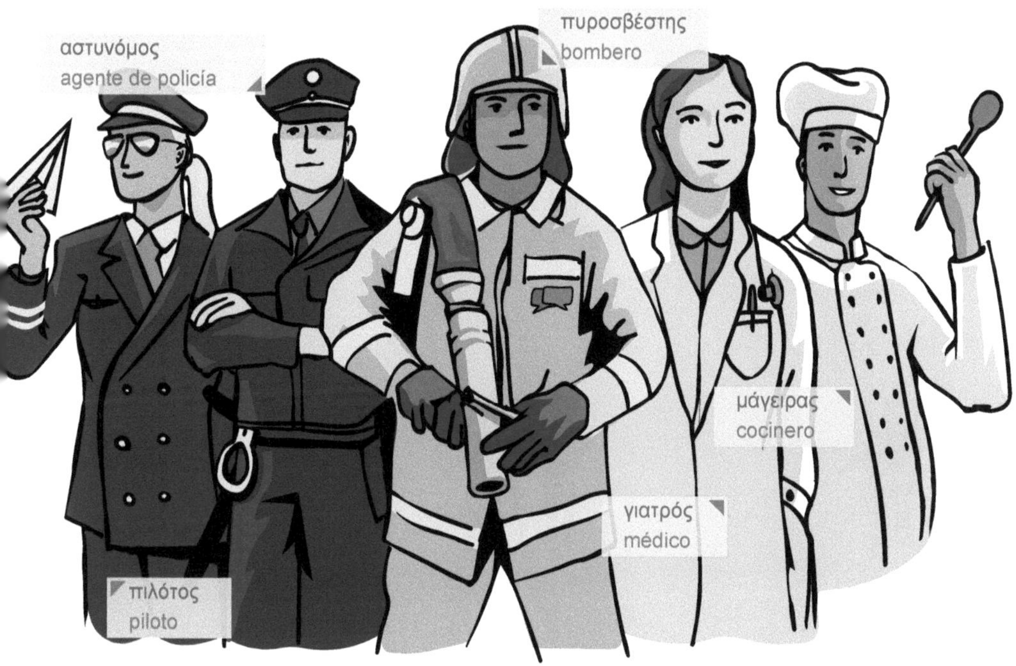
αστυνόμος
agente de policía
πυροσβέστης
bombero
μάγειρας
cocinero
γιατρός
médico
πιλότος
piloto

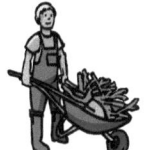

κηπουρός

jardinero

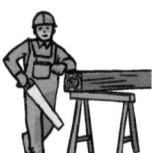

ξυλουργός

carpintero

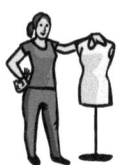

μοδίστρα

costurera

δικαστής

juez

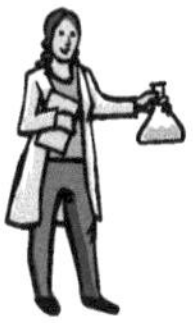

χημικός

farmacéutico

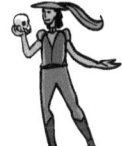

ηθοποιός

actor

οδηγός λεωφορείου

conductor de autobús

ταξιτζής

taxista

ψαράς

pescador

καθαρίστρια

señora de la limpieza

τεχνίτης στεγών

techador

σερβιτόρος

camarero

κυνηγός

cazador

ζωγράφος

pintor

αρτοποιός

panadero

ηλεκτρολόγος

electricista

οικοδόμος

obrero

μηχανολόγος

ingeniero

κρεοπώλης

carnicero

υδραυλικός

fontanero

ταχυδρόμος

cartero

στρατιώτης

soldado

αρχιτέκτονας

arquitecto

ταμίας

cajero

ανθοπώλης

florista

κομμωτής

peluquero

ελεγκτής εισιτηρίων

revisor

μηχανικός

mecánico

καπετάνιος

capitán

οδοντίατρος

dentista

επιστήμονας

científico

ραβίνος

rabino

ιμάμης

imán

μοναχός

monje

ιερέας

sacerdote

εργαλεία
herramientas

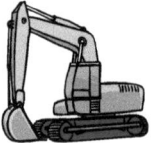

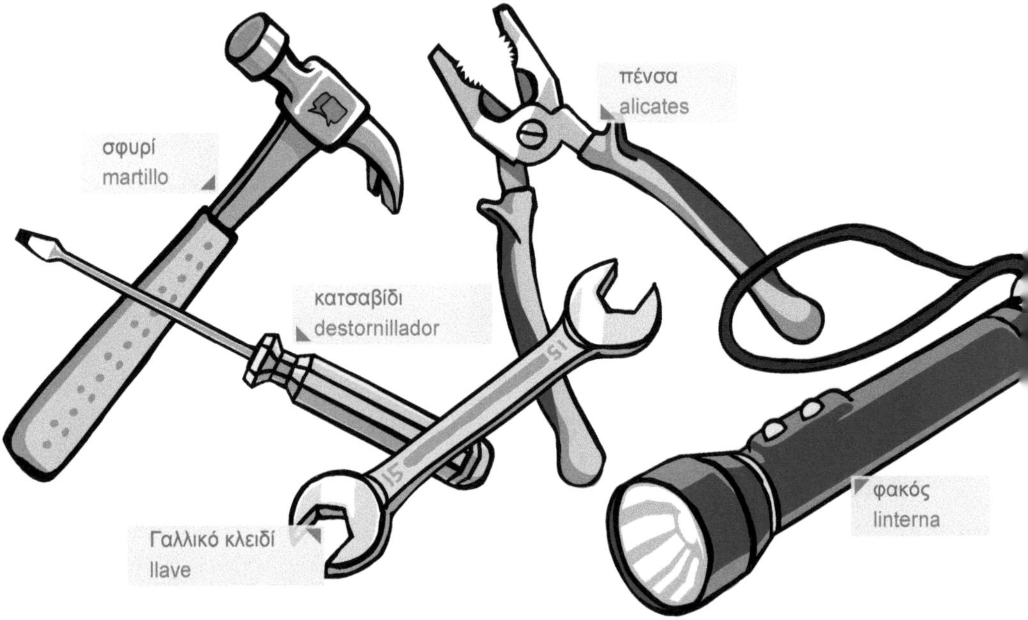

σφυρί
martillo
πένσα
alicates
κατσαβίδι
destornillador
Γαλλικό κλειδί
llave
φακός
linterna

εκσκαφέας

excavadora

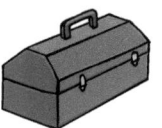

εργαλειοθήκη

caja de herramientas

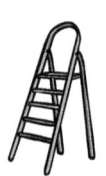

σκάλα

escalera de mano

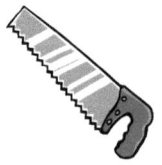

πριόνι

sierra

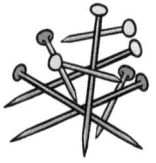

καρφιά

clavos

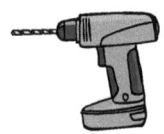

τρυπάνι

taladro

επισκευάζω

reparar

φτυάρι

pala

Να πάρει!

¡Maldita sea!

φαράσι

recogedor

δοχείο χρωμάτων

bote de pintura

βίδες

tornillos

μουσικά όργανα
instrumentos musicales

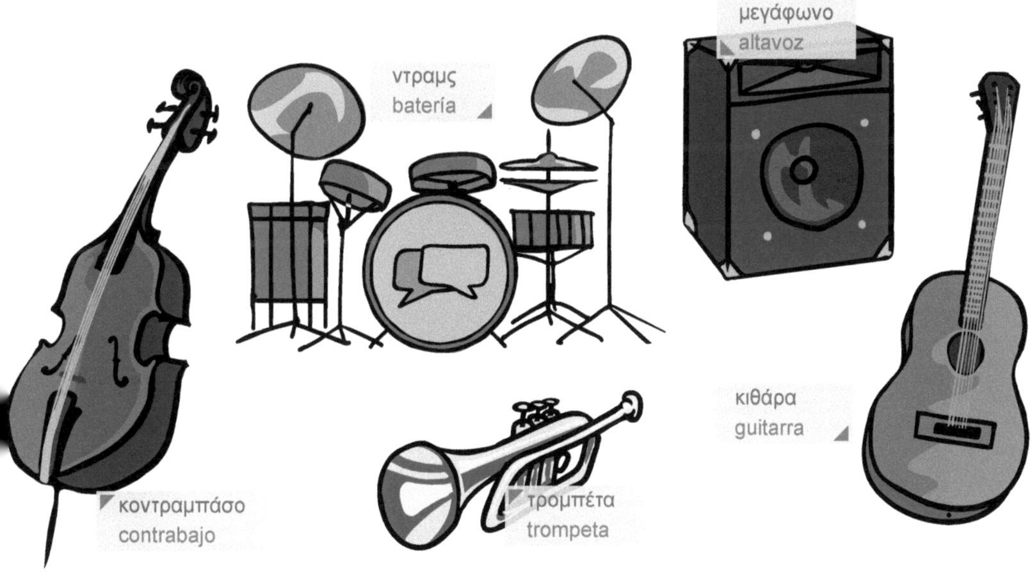

ντραμς
batería

μεγάφωνο
altavoz

κιθάρα
guitarra

κοντραμπάσο
contrabajo

τρομπέτα
trompeta

πιάνο

piano

βιολί

violín

μπάσο

bajo

τύμπανα

timbales

τύμπανο

tambor

πλήκτρα

teclado

σαξόφωνο

saxofón

φλάουτο

flauta

μικρόφωνο

micrófono

ζωολογικός κήπος

zoo

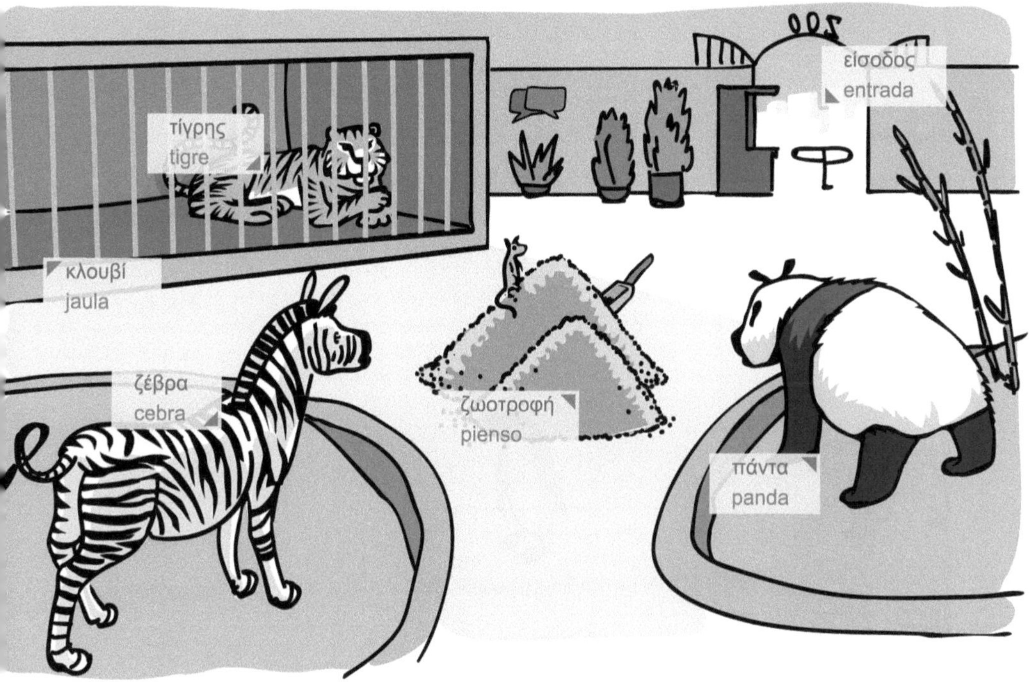
τίγρης
tigre
κλουβί
jaula
ζέβρα
cebra
ζωοτροφή
pienso
είσοδος
entrada
πάντα
panda

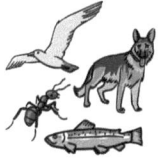

ζώα

animales

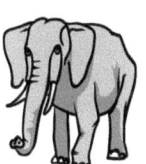

ελέφαντας

elefante

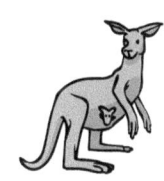

καγκουρό

canguro

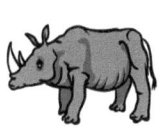

ρινόκερος

rinoceronte

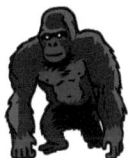

γορίλας

gorila

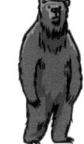

αρκούδα

oso

καμήλα

camello

στρουθοκάμηλος

avestruz

λιοντάρι

león

πίθηκος

mono

φλαμίνγκο

flamingo

παπαγάλος

loro

πολική αρκούδα

oso polar

πιγκουίνος

pingüino

καρχαρίας

tiburón

παγώνι

pavo real

φίδι

serpiente

κροκόδειλος

cocodrilo

φύλακας ζωολογικού κήπου

guardián de zoológico

φώκια

foca

τζάγκουαρ

jaguar

ζωολογικός κήπος - zoo

πόνυ

poni

λεοπάρδαλη

leopardo

ιπποπόταμος

hipopótamo

καμηλοπάρδαλη

jirafa

αετός

águila

αγριογούρουνο

jabalí

ψάρι

pescado

χελώνα

tortuga

θαλάσσιος ίππος

morsa

αλεπού

zorro

γαζέλα

gacela

Αμερικάνικο ποδόσφαιρο
fútbol americano

ποδηλασία
ciclismo

αντισφαίριση
tenis

μπάσκετ
baloncesto

κολύμβηση
natación

πυγχαμία
boxeo

χόκεϋ επί πάγου
hockey sobre hielo

ποδόσφαιρο
fútbol

μπάντμιντον
bádminton

στίβος
atletismo

χάντμπολ
balonmano

σκι
esquí

πόλο
polo

δραστηριότητες
actividades

πηδάω
saltar
αγκαλιάζω
abrazar
γελάω
reír
περπατάω
caminar
τραγουδάω
cantar
ονειρεύομαι
soñar
προσεύχομαι
rezar
φιλάω
besar

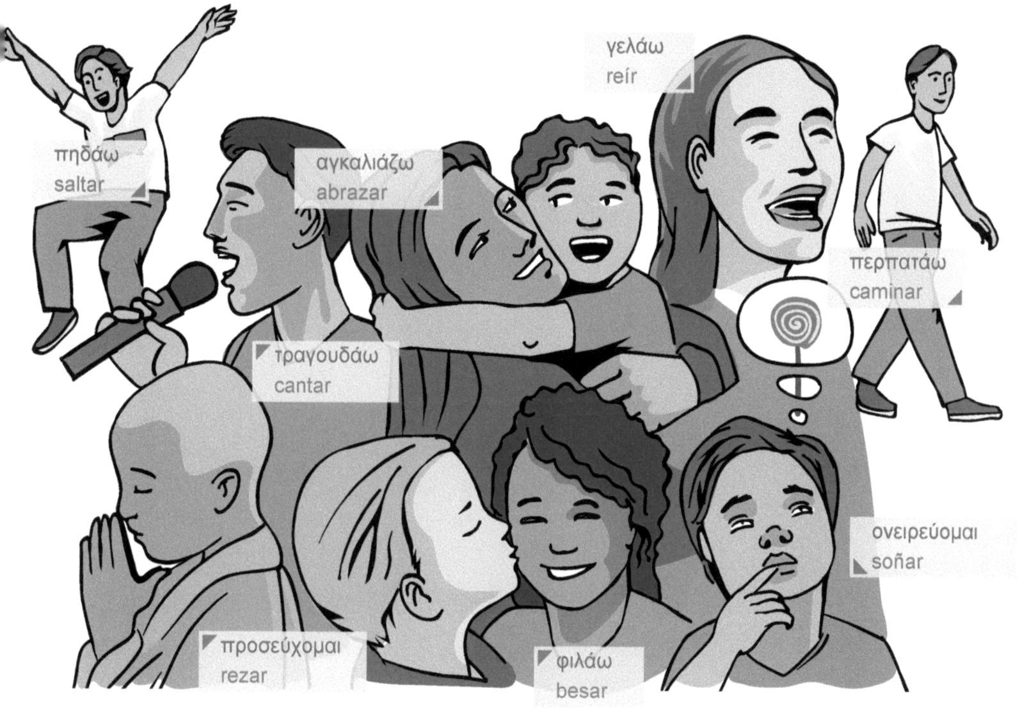

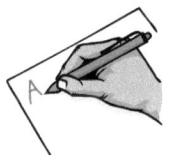

γράφω
escribir

σχεδιάζω
dibujar

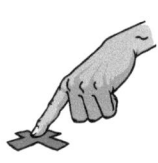

δείχνω
mostrar

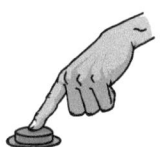

πιέζω
empujar

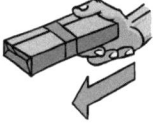

δίνω
dar

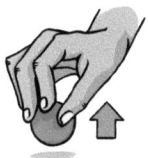

παίρνω
tomar

έχω

tener

κάνω

hacer

είμαι

ser

στέκομαι

estar de pie

τρέχω

correr

τραβάω

tirar

ρίχνω

tirar

πέφτω

caer

ξαπλώνω

yacer

περιμένω

esperar

κουβαλώ

llevar

κάθομαι

estar sentado

φοράω

vestirse

κοιμάμαι

dormir

ξυπνάω

despertar

κοιτάω

mirar

κλαίω

llorar

χαϊδεύω

acariciar

χτενίζω

peinar

μιλάω

hablar

καταλαβαίνω

entender

ρωτάω

preguntar

ακούω

escuchar

πίνω

beber

τρώω

comer

συγυρίζω

ordenar

αγαπάω

amar

μαγειρεύω

cocinar

οδηγώ

conducir

πετάω

volar

κάνω ιστιοπλοΐα

navegar

υπολογίζω

calcular

διαβάζω

leer

μαθαίνω

aprender

δουλεύω

trabajar

παντρεύομαι

casarse

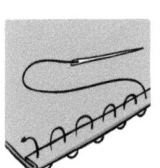

ράβω

coser

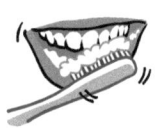

βουρτσίζω τα δόντια

cepillarse los dientes

σκοτώνω

matar

καπνίζω

fumar

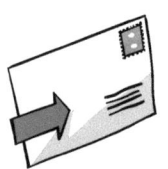

στέλνω

enviar

γιαγιά
abuela

παππούς
abuelo

πατέρας
padre

μητέρα
madre

μωρό
bebé

κόρη
hija

γιος
hijo

καλεσμένος

invitado

θεία

tía

θείος

tío

αδελφός

hermano

αδελφή

hermana

σώμα

cuerpo

μέτωπο
frente
μάτι
ojo
ώμος
hombro
δάχτυλο
dedo
πρόσωπο
cara
πιγούνι
barbilla
χέρι
mano
πόδι
pierna
στήθος
pecho
βραχίονας
brazo

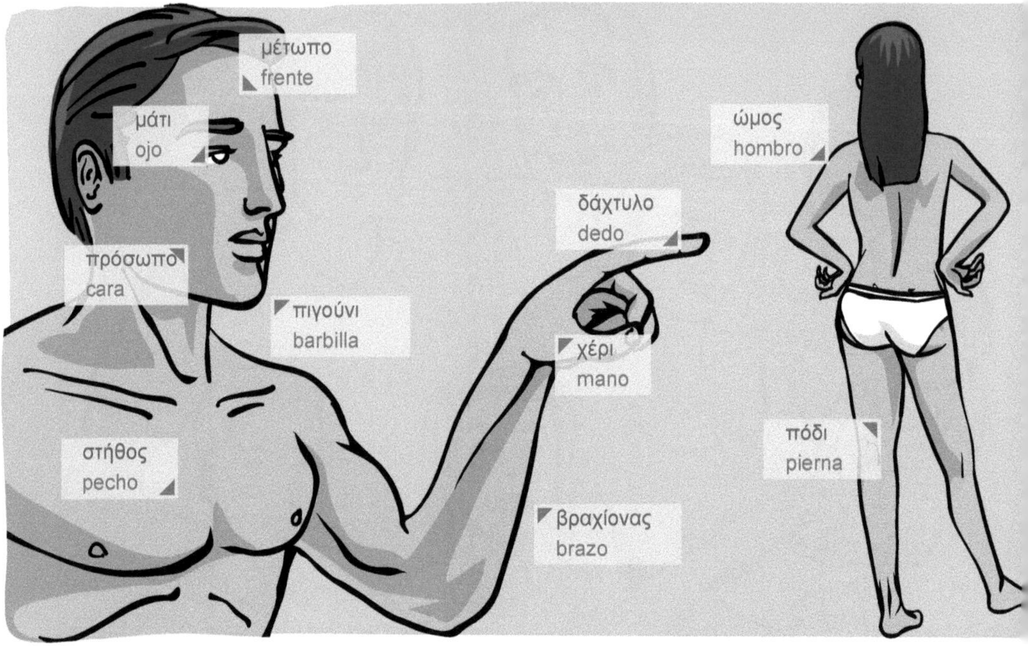

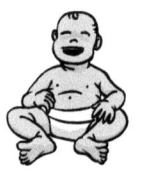

μωρό

bebé

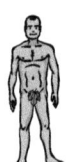

άνδρας

hombre

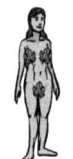

γυναίκα

mujer

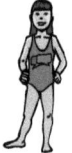

κορίτσι

chica

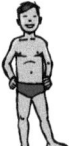

αγόρι

chico

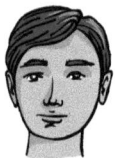

κεφάλι

cabeza

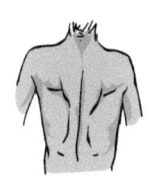

πλάτη

espalda

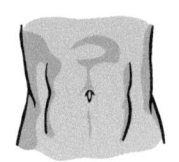

κοιλιά

vientre

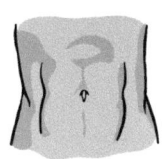

αφαλός

ombligo

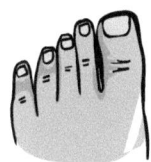

δάχτυλο ποδιού

dedo del pie

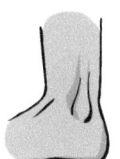

φτέρνα

talón

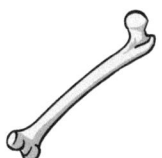

κόκκαλο

hueso

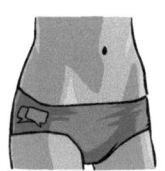

γοφός

cadera

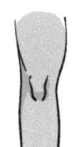

γόνατο

rodilla

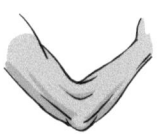

αγκώνας

codo

μύτη

nariz

γλουτός

trasero

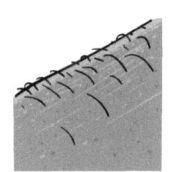

δέρμα

piel

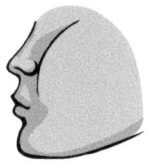

μάγουλο

mejilla

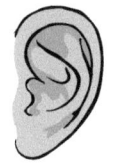

αυτί

oído

χείλος

labio

σώμα - cuerpo

στόμα

boca

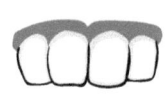

δόντι

diente

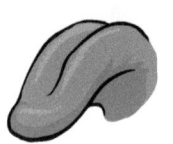

γλώσσα

lengua

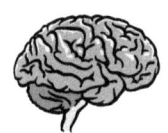

εγκέφαλος

cerebro

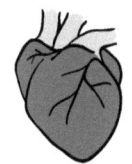

καρδιά

corazón

μυς

músculo

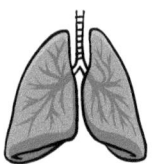

πνεύμονας

pulmón

συκώτι

hígado

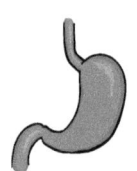

στομάχι

estómago

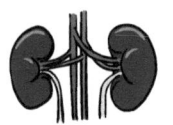

νεφρά

riñones

σεξουαλική επαφή

sexo

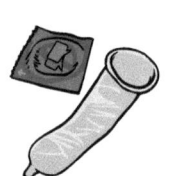

προφυλακτικό

condón

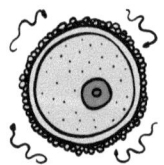

ωάριο

ovario

σπέρμα

semen

εγκυμοσύνη

embarazo

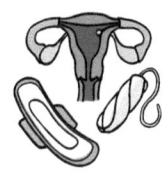

περίοδος

menstruación

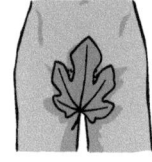

γυναικείος κόλπος

vagina

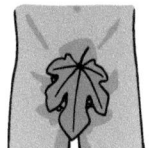

πέος

pene

φρύδι

ceja

μαλλιά

pelo

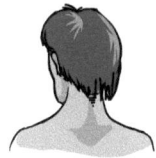

λαιμός

cuello

νοσοκομείο
hospital

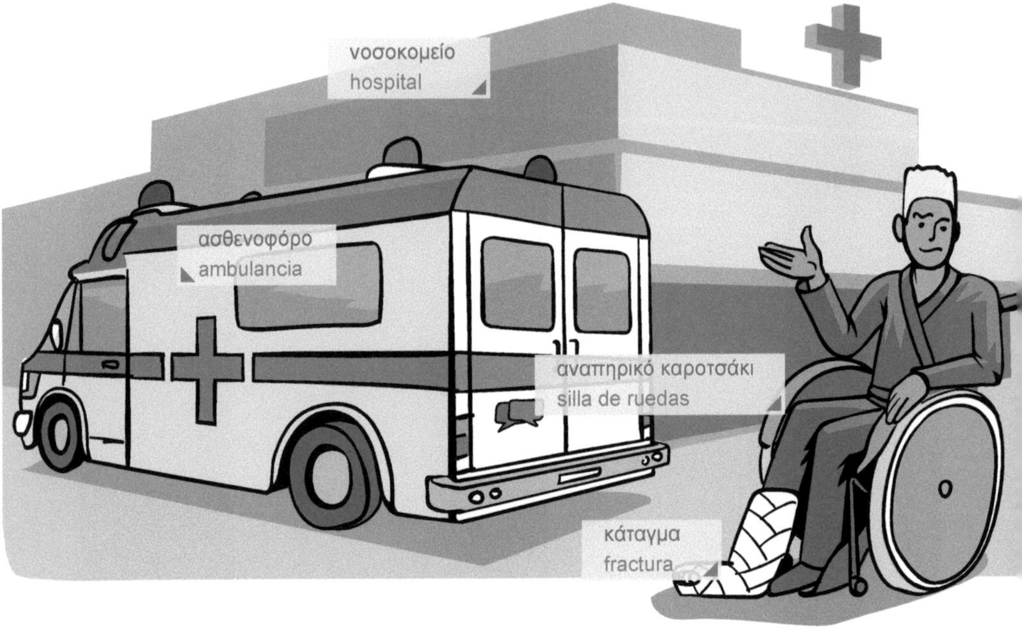

νοσοκομείο
hospital
ασθενοφόρο
ambulancia
αναπηρικό καροτσάκι
silla de ruedas
κάταγμα
fractura

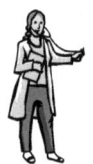

γιατρός
médico

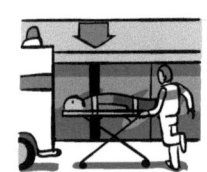

μονάδα εντατικής θεραπείας
sala de urgencias

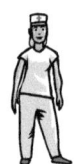

νοσοκόμα
enfermera

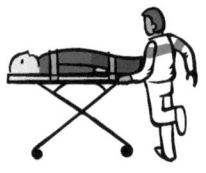

έκτακτη ανάγκη
urgencia

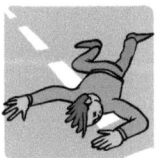

λιπόθυμος
inconsciente

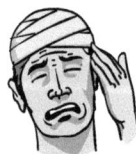

πόνος
dolor

τραύμα

lesión

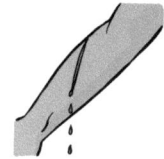

αιμορραγία

hemorragia

έμφραγμα

infarto

εγκεφαλικό

ictus

αλλεργία

alergia

βήχας

tos

πυρετός

fiebre

γρίπη

gripe

διάρροια

diarrea

πονοκέφαλος

dolor de cabeza

καρκίνος

cáncer

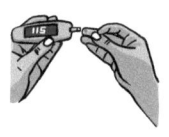

διαβήτης

diabetes

χειρουργός

cirujano

νυστέρι

bisturí

εγχείρηση

operación

αξονική τομογραφία

TAC

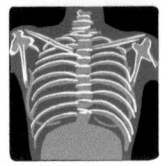

ακτινογραφία

rayos x

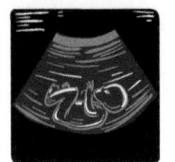

υπέρηχος

ultrasonido

μάσκα

mascarilla

ασθένεια

enfermedad

αίθουσα αναμονής

sala de espera

πατερίτσα

muleta

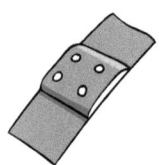

χάνσαπλαστ

tirita

επίδεσμος

venda

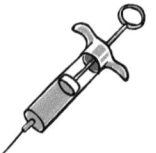

ένεση

inyección

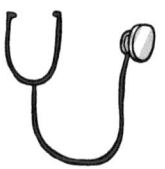

στηθοσκόπιο

estetoscopio

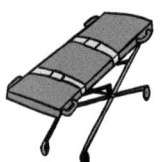

φορείο

camilla

θερμόμετρο

termómetro

γέννηση

nacimiento

υπέρβαρο

sobrepeso

ακουστικό βαρηκοΐας

audífono

αντισηπτικό

desinfectante

λοίμωξη

infección

ιός

virus

HIV/AIDS

VIH / SIDA

φάρμακο

medicina

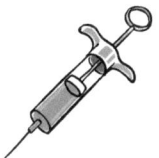

εμβολιασμός

vacunación

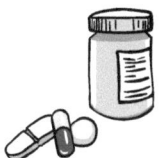

δισκία

tabletas

χάπι

pastilla

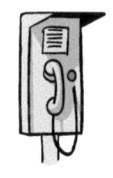

κλήση έκτακτης ανάγκης

llamada de urgencia

πιεσόμετρο αίματος

tensiómetro

άρρωστος / υγιής

enfermo / sano

Βοήθεια!

¡Socorro!

συναγερμός

alarma

βιαιοπραγία

asalto

επίθεση

ataque

κίνδυνος

peligro

έξοδος κινδύνου

salida de emergencia

Φωτιά!

¡Fuego!

πυροσβεστήρας

extintor de incendios

ατύχημα

accidente

κουτί πρώτων βοηθειών

botiquín de primeros
auxilios

SOS

SOS

αστυνομία

policía

Ευρώπη

Europa

Βόρεια Αμερική

Norteamérica

Νότια Αμερική

Sudamérica

Αφρική

África

Ασία

Asia

Αυστραλία

Australia

Ατλαντικός Ωκεανός

Atlántico

Ειρηνικός Ωκεανός

Pacífico

Ινδικός Ωκεανός

Océano Índico

Ανταρκτικός Ωκεανός

Océano Antártico

Αρκτικός Ωκεανός

Océano Ártico

Βόρειος Πόλος

polo norte

Νότιος Πόλος

polo sur

Ανταρκτική

Antártida

Γη

tierra

γη

tierra

θάλασσα

mar

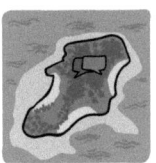

νησί

isla

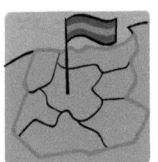

έθνος

nación

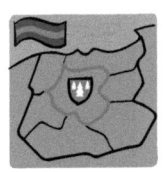

πολιτεία

estado

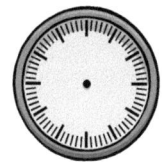

κανтράν ρολογιού

esfera

ωροδείκτης

manecilla de las horas

λεπτοδείκτης

minutero

δείκτης δευτερολέπτων

segundero

Τι ώρα είναι;

¿Qué hora es?

ημέρα

día

χρόνος

tiempo

τώρα

ahora

ψηφιακό ρολόι

reloj digital

λεπτό

minuto

ώρα

hora

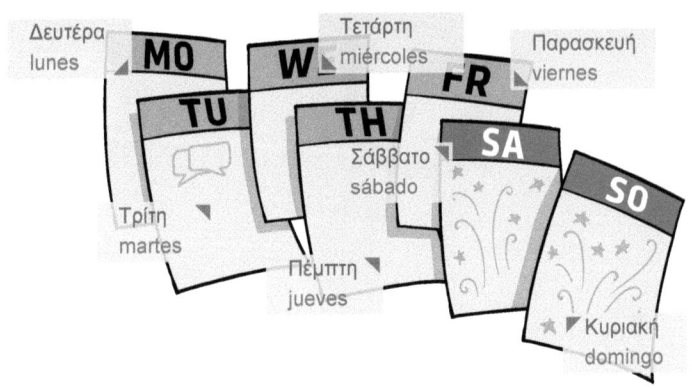

χθες
....
ayer

σήμερα
....
hoy

αύριο
....
mañana

πρωί
....
mañana

μεσημέρι
....
mediodía

βράδυ
....
tarde

εργάσιμες ημέρες
....
días laborables

Σαββατοκύριακο
....
fin de semana

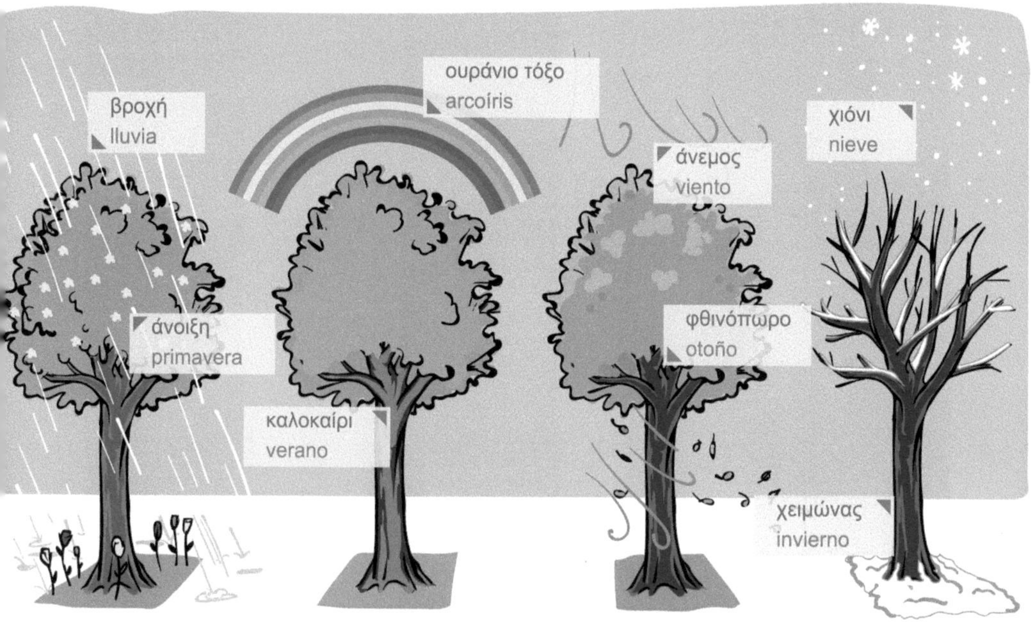

βροχή
lluvia
ουράνιο τόξο
arcoíris
άνεμος
viento
χιόνι
nieve
άνοιξη
primavera
φθινόπωρο
otoño
καλοκαίρι
verano
χειμώνας
invierno

4.APRIL 11°
5.APRIL 4°
6.APRIL 13°
7.APRIL 8°
8.APRIL 10°

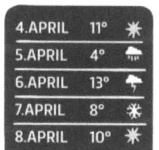

πρόγνωση καιρού

pronóstico del tiempo

F
C
120
90
60
30
0
-30
40
30
20
10
0
-10
-20

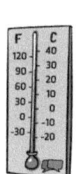

θερμόμετρο

termómetro

λιακάδα

sol

σύννεφο

nube

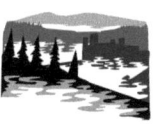

ομίχλη

niebla

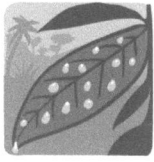

υγρασία

humedad

αστραπή

rayo

κεραυνός

trueno

καταιγίδα

tormenta

χαλάζι

granizo

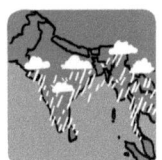

μουσώνας

monzón

πλημμύρα

inundación

πάγος

hielo

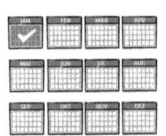

Ιανουάριος

enero

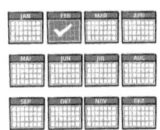

Φεβρουάριος

febrero

Μάρτιος

marzo

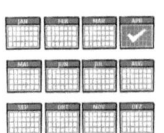

Απρίλιος

abril

Μάιος

mayo

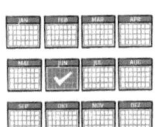

Ιούνιος

junio

Ιούλιος

julio

Αύγουστος

agosto

έτος - año

Σεπτέμβριος

septiembre

Οκτώβριος

octubre

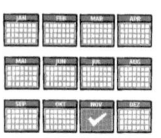

Νοέμβριος

noviembre

Δεκέμβριος

diciembre

σχήματα
formas

κύκλος

círculo

τετράγωνο

cuadrado

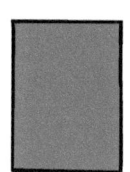

ορθογώνιο
παραλληλόγραμμο
rectángulo

τρίγωνο

triángulo

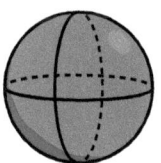

σφαίρα

esfera

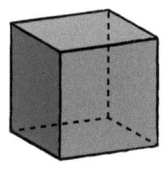

κύβος

cubo

άσπρο

blanco

κίτρινο

amarillo

πορτοκαλί

anaranjado

ροζ

rosa

κόκκινο

rojo

μωβ

morado

μπλε

azul

πράσινο

verde

καφέ

marrón

γκρι

gris

μαύρο

negro

πολύ / λίγο

mucho / poco

θυμωμένος / ήρεμος

enojado / tranquilo

όμορφος / άσχημος

bonito / feo

αρχή / τέλος

principio / fin

μεγάλος / μικρός

grande / pequeño

φωτεινός / σκοτεινός

claro / oscuro

αδελφός / αδελφή

hermano / hermana

καθαρός / λερωμένος

limpio / sucio

πλήρης / ατελής

completo / incompleto

ημέρα / νύχτα

día / noche

νεκρός / ζωντανός

muerto / vivo

φαρδύς / στενός

ancho / estrecho

βρώσιμος / μη βρώσιμος

comestible / no comestible

κακός / ευγενικός

malo / amable

ενθουσιασμένος / βαριεστημένος

entusiasmado / aburrido

παχύς / λεπτός

gordo / delgado

πρώτος / τελευταίος

primero / último

φίλος / εχθρός

amigo / enemigo

γεμάτος / άδειος

lleno / vacío

σκληρός / μαλακός

duro / blando

βαρύς / ελαφρύς

pesado / ligero

πείνα / δίψα

hambre / sed

άρρωστος / υγιής

enfermo / sano

παράνομος / νόμιμος

ilegal / legal

έξυπνος / χαζός

inteligente / tonto

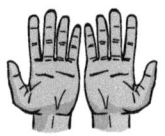

αριστερός / δεξιός

izquierda / derecha

κοντινός / μακρινός

cerca / lejos

καινούριος /
μεταχειρισμένος

nuevo / usado

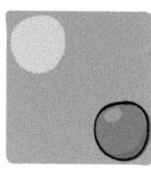

τίποτα / κάτι

nada / algo

γέρος | νέος

viejo / joven

αναμμένος / σβηστός

encendido / apagado

ανοιχτός / κλειστός

abierto / cerrado

χαμηλόφωνος /
μεγαλόφωνος
silencioso / ruidoso

πλούσιος / φτωχός

rico / pobre

σωστός / λανθασμένος

correcto / incorrecto

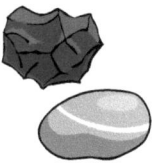

τραχύς / λείος

áspero / suave

λυπημένος / χαρούμενος

triste / contento

κοντός / μακρύς

corto / largo

αργός / γρήγορος

lento / rápido

υγρός / στεγνός

húmedo / seco

ζεστός / δροσερός

cálido / frío

πόλεμος / ειρήνη

guerra / paz

αντίθετα - opuestos

0	**1**	**2**
μηδέν	ένα	δύο
cero	uno	dos

3	**4**	**5**
τρία	τέσσερα	πέντε
tres	cuatro	cinco

6	**7**	**8**
έξι	εφτά	οκτώ
seis	siete	ocho

9	**10**	**11**
εννιά	δέκα	έντεκα
nueve	diez	once

12
δώδεκα
doce

13
δεκατρία
trece

14
δεκατέσσερα
catorce

15
δεκαπέντε
quince

16
δεκαέξι
dieciséis

17
δεκαεφτά
diecisiete

18
δεκαοκτώ
dieciocho

19
δεκαεννέα
diecinueve

20
είκοσι
veinte

100
εκατό
cien

1.000
χίλια
mil

1.000.000
εκατομμύριο
millón

αριθμοί - números

Αγγλικά

inglés

Αμερικάνικα Αγγλικά

inglés americano

Μανδαρίνικα Κινέζικα

chino mandarín

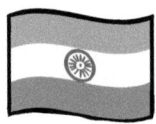

Χίντι

hindi

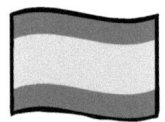

Ισπανικά

español

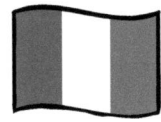

Γαλλικά

francés

Αραβικά

árabe

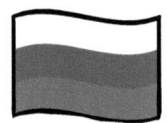

Ρώσικα

ruso

Πορτογαλικά

portugués

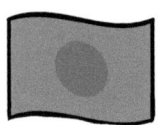

Μπενγκάλι

bengalí

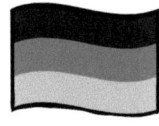

Γερμανικά

alemán

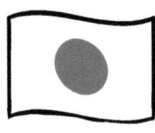

Ιαπωνικά

japonés

ποιος / ποια / ποιο;

εγώ

yo

εσύ

tú

αυτός / αυτή / αυτό

él / ella / ello

εμείς

nosotros/as

εσείς

vosotros/as

αυτοί / αυτές / αυτά

ellos/as

ποιος / ποια / ποιο;

¿quién?

τι;

¿qué?

πώς;

¿cómo?

πού;

¿dónde?

πότε;

¿cuándo?

όνομα

nombre

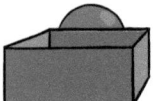

πίσω

detrás

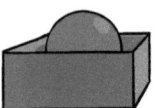

μέσα

en

μπροστά

delante de

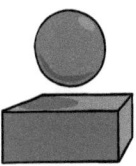

πάνω από

por encima de

πάνω

sobre

κάτω

debajo de

δίπλα

junto a

ανάμεσα

entre

μέρος

lugar